AF259683

NOTICE NÉCROLOGIQUE

SUR LE

LIEUTENANT GÉNÉRAL

C^{TE} ROGUET,

PAIR DE FRANCE.

PARIS

LIBRAIRIE MILITAIRE DE J. DUMAINE,

Libraire de LL. A. RR. le Duc de Nemours et le Duc d'Aumale,

(Maison Anselin),

Rue et passage Dauphine, 36.

1847

Imprimerie de Cosse et J. Dumaine, rue Christine, 2.

NOTICE NÉCROLOGIQUE

SUR LE

LIEUTENANT GÉNÉRAL COMTE ROGUET.

Un des derniers commandants de la garde impériale à Waterloo, un des plus dignes, des plus intrépides généraux de notre vieille armée nationale, le comte Roguet est mort, à Paris, le 4 décembre 1846.

Roguet (François), comte, lieutenant général, Grand'croix des ordres de la Légion d'honneur, de la Réunion, de Hesse-Darmstadt, chevalier de Saint-Louis et de la Couronne de fer, ex-chambellan de l'Empereur, ex-colonel en second des grenadiers à pied de la vieille garde, pair de France, né à Toulouse, le 12 novembre 1770, entra au service comme simple soldat, au régiment de Guyenne-infanterie, le 3 mai 1789.

Lors de la formation des bataillons de volontaires, il fut élu adjudant sous-officier, au 1er bataillon de la Haute-Garonne, le 15 décembre 1791 ; capitaine-adjudant-major, le 5 avril 1793 ; chef de bataillon à la 33e demi-brigade, le 1er nivôse an VII; chef de ce même corps le 23 prairial an VII; général de brigade le 21 août 1803 ; lieutenant général le 24 juin 1811. Cette rapide progression fut le prix mérité de nobles et beaux services.

Depuis 1793, Roguet se trouvait à cette armée d'Italie qui devait jeter tant d'éclat sur les armes de la France sous Bonaparte, et qui, en attendant, exposée à toutes les misères d'un hiver rigoureux, couronnait avec Kellermann le sommet du Mont-Blanc. Le 5 messidor an III, le capitaine Roguet se distingua au combat de Savone, où il reçut un coup de feu à la jambe gauche.

En 1796, il suivit, avec la 32e, Bonaparte dans les plaines de la Lombardie, et fit toutes les campagnes jusqu'à la paix de Campo-Formio ; il se signala, dans plusieurs circonstances, par son courage dans les combats, par sa fermeté dans le commandement.

Pour ne citer qu'un seul fait, un bataillon de grenadiers de la 5e demi-brigade de ligne était cerné par le corps autrichien de Laudon, dans un château situé au-dessus de la vallée de Taillefer, à la droite de Balzano ; le général Monnier donna l'ordre au chef de bataillon Roguet d'aller tenter la délivrance des soldats de la 5e ; l'entreprise était difficile et périlleuse ; il fallait traverser, avec un seul bataillon, le camp ennemi : l'intrépide officier partit la nuit, traversa les lignes autrichiennes, et ramena sains et saufs les grenadiers français.

De l'an v à l'an viii, il continua de servir à l'armée d'Italie : en 1799 les troupes se révoltèrent ; les officiers ne voulaient plus reconnaître l'autorité du général en chef ; au milieu des excès les plus affreux, Roguet sut conserver, à Mantoue, son bataillon dans le poste qu'il devait occuper ; aucun de ses soldats n'eut le courage de lui résister, ni de s'écarter de la ligne de ses devoirs.

A la bataille de Vérone, le 26 mars 1799, le village de Sainte-Lucie, poste important, ayant été pris et repris plusieurs fois, le général Moreau ordonna, au chef de bataillon Roguet, de s'emparer de ce village. Cet officier marcha avec son bataillon, chassa les Autrichiens, s'établit, se maintint, mais fut blessé très grièvement.

Au mois de floréal an vii, le Piémont, ainsi que les vallées de Tanaro et d'Oneille, s'étaient levés en masse : les insurgés, commandés par des officiers autrichiens et piémontais et auxquels s'étaient joints des corps réguliers, se portèrent dans l'ouest de la Ligurie ; les Anglais couvraient la côte de corsaires et de bâtiments de guerre ; Gênes n'avait aucune communication avec la France ni avec l'armée ; enfin le territoire du port Maurice, partie de celui de Saint-Remo, Albenga et Finale, les vallées de la Piève et de la Bormida étaient au pouvoir des insurgés qui menaçaient Savone.

Roguet, retenu par sa blessure, proposa de reprendre Oneille et de rétablir les communications : le général en chef Pérignon et son chef d'état-major Dessoles, ayant mis à sa disposition 150 Polonais et deux compagnies de la 79e demi-brigade, le chef de bataillon Roguet leva en masse toute la population génoise de l'Est, en forma, sous le nom d'armée ligurienne, 6 bataillons ; marcha, par plusieurs points, sur les vallées envahies ; battit et dispersa les révoltés, s'empara de la ville et de la vallée d'Oneille, de celle du Tanaro; fit lever le siége de la Piève, y prit l'artillerie des insurgés ainsi qu'à Ponte-di-Nova et Ormea ; il s'empara de Garrezio, fit prisonnier le commandant en chef de l'insurrection, et tout son état-major, détruisit et désarma les insurgés, étouffa jusqu'au dernier germe de révolte.

Roguet rétablit ainsi les communications avec Gênes, l'armée et la France, et fut rejoindre avec ses bataillons de paysans, près de Ceva, l'avant-garde de l'armée de Moreau : ce général le nomma, sur le champ de bataille, chef de la 33ᵉ demi-brigade, avec laquelle il combattit à Fossano, Novi, Coni et sur le Var.

Appelée à Paris par le premier consul, la 33ᵉ demi-brigade de ligne y devint, sous le colonel Roguet, le modèle de l'infanterie française, pour l'administration, la discipline et les manœuvres. L'un des anciens officiers du 33ᵉ, le lieutenant général Filangiéri, prince de Satriano, commandant en chef les armes du génie et de l'artillerie du royaume de Naples, lui écrivait, en 1838 :

« Je me faisais une fête de vous embrasser et de vous réitérer de vive voix les assurances respectueuses de l'attachement sincère que je vous conserverai toute ma vie : je vous aurais dit quelle influence a eue, sur toute ma carrrière, la sévérité paternelle avec laquelle vous avez guidé mes premiers pas dans le noble métier des armes ; je vous aurais fait voir comment j'ai recueilli, dans un petit livre de mémoires, vos préceptes, vos utiles exemples, tout ce que vous faisiez dans le commandement de ce beau 33ᵉ régiment. Appelé à commander, en 1812, un régiment de 3,000 hommes, parmi lesquels on comptait 1500 brigands amnistiés, je parvins à en faire un corps qui se montra honorablement au siége de Dantzick et dont les compagnies d'élite firent respecter nos armes dans la campagne de Saxe, et plus tard, en 1814 et 1815 : mais ce résultat n'a été dû qu'à la stricte-imitation de ce que l'excellent Roguet exigeait de nous au 33ᵉ de ligne : j'avais gardé soigneusement un livre d'ordre que j'ai maintes fois consulté; et je mettais ma mémoire à la torture pour ne manquer à aucune des traditions de notre cher 33ᵉ. »

Au camp de Montreuil, sous les ordres du maréchal Ney, qui fut aussi célèbre tacticien que général de combat, Roguet commanda, comme général de brigade, les 69ᵉ et 76ᵉ régiments d'infanterie.

C'est avec cette brigade que le maréchal Ney lui fit enlever, par la manœuvre la plus audacieuse, les hauteurs d'Elchingen, en 1805.

Après la reddition d'Ulm, le général Roguet prit les forts de Scharnitz et de Leutasch; le maréchal Ney lui témoigna sa satisfaction, en lui ordonnant de marcher sur Inspruck, avec les grenadiers et voltigeurs réunis de l'armée et sa brigade, d'en prendre possession à titre de gouverneur.

Par décret impérial du 14 août 1806, le général de brigade Roguet fut adjoint au collége électoral de la Haute-Garonne, comme l'un des commandeurs de la Légion d'honneur.

Le général Roguet, faisant toujours partie du 6e corps, se distingua à la bataille d'Iéna, au blocus de Magdebourg, à l'affaire de Saldau, à la bataille d'Eylau et à la reprise de Guttstadt; il formait l'arrière-garde, le 5 juin 1807, lors de la retraite du 6e corps sur la Passarge, et résistait au centre des ennemis, à la garde impériale russe, à une artillerie formidable, lors qu'il eut son cheval tué, et qu'une balle lui traversa le pied gauche; laissé sur le champ de bataille comme mort, il fut relevé et pansé, sur l'ordre du grand duc Constantin, par le premier chirurgien de l'empereur Alexandre. C'est à cette occasion que Napoléon écrivait, le 6 juin 1807, de Finchenstein, au maréchal Ney : « *Je regrette bien vivement ce pauvre général Roguet; mais enfin il est mort au lit d'honneur.* »

Après la paix de Tilsitt, et quoique ne marchant encore qu'avec une béquille, il fut nommé au commandement de l'infanterie de la garnison de Paris et chargé de l'instruction, de l'organisation des troupes stationnées dans la première division militaire.

Les Anglais ayant, à cette époque, menacé l'Escaut, le général Roguet fut envoyé dans l'île de Cadsan où il parvint, malgré tous les obstacles, à établir un tel système de défense et de fortification que les Anglais furent contraints de s'éloigner et de respecter Flessingue.

Le ministre Clarke, témoin intime de la bienveillance de Napoléon pour le général Roguet, et digne appréciateur de ses services, présagea un jour, à ce dernier, la plus haute destinée militaire ; pendant la durée de la mission dans l'île de Cadsan, il lui donna les plus grandes marques d'estime et de bienveillance, se préoccupant d'une santé si utile au service, et compromise par l'insalubrité du pays.

Employé à l'armée d'Espagne, division Sébastiani, en 1808, Roguet se distingua aux affaires de Durango, à la prise de Bilbao et de Saint-Ander ; Napoléon l'ayant nommé colonel en second des grenadiers à pied de la vieille garde, il commanda une brigade des tirailleurs de cette garde, aux batailles d'Essling et de Wagram, après lesquelles il fut nommé baron de l'empire.

Il prit ensuite le commandement de la première division de fusiliers et tirailleurs de la garde nouvellement formée, la conduisit en Espagne et fit, avec elle, les campagnes de 1809, 1810 et 1811; sa bonté, sa justice, l'ordre et la discipline qu'il sut maintenir dans son commandement du 6e gouvernement d'Espagne, lui soumirent les Espagnols qui proclamèrent sa probité ; ses troupes vécurent de réquisitions régulières, sans ruiner, ni mécontenter le pays. Il fit au fameux Mina, une guerre active, et par la politique et par les armes.

Le 26 mars 1812, Roguet partit avec sa division de fusiliers-grenadiers pour le Niémen; traversant l'Espagne, la France et l'Allemagne, par étapes doublées et triplées, et, malgré trois séjours obligés, il arriva, sans s'affaiblir, à Wilna le 4 juillet; Napoléon, satisfait de tant de célérité, fut au devant de cette belle troupe et rentra en ville à sa tête.

Roguet était en réserve à la bataille de la Moskowa : la nuit, il garda le champ de bataille et le lendemain il était à l'avant-garde ; sa division forma ensuite la garnison de Moskou. C'est à son activité et à ses soins que l'armée a dû ses moyens d'existence et la population, la conservation des établissements préservés de l'incendie.

Pendant la retraite, le général Roguet fut constamment à pied, à la tête de ses troupes, leur donnant l'exemple du courage et de la résignation ; aussi, il n'existait plus d'armée, de brigades, ni de régiments, que sa division était encore sur pied, gardant l'empereur et protégeant la retraite.

Le 15 novembre, lorsque le général russe avait tout disposé pour cerner l'armée française, le général Roguet, d'après les ordres de Napoléon, le prévint pendant la nuit, l'attaqua et enleva les positions qu'il occupait sur la gauche de Krasnoï ; l'ennemi perdit beaucoup de monde et abandonna son artillerie : *Ce jour-là*, dit Montgaillard, *Roguet se distingua entre les plus braves.* Dès ce moment, il fut moins difficile d'effectuer cette désastreuse retraite sur la route d'Orcha.

Le 17 novembre, les efforts de la division Roguet, revenue à Krasnoï, furent encore plus héroïques ; elle soutint, en bataille, toute la journée, le feu de 60 bouches à feu, plusieurs charges d'infanterie et de cavalerie, qui lui mirent 1500 hommes hors de combat. C'est, en partie, grâces à son courage et son activité, si bien employés par Napoléon, que les restes confus de l'armée, surtout les corps du prince Eugène et du maréchal Davoust, parvinrent à effectuer leur retraite.

Napoléon lui ayant confié le commandement de toutes les troupes de la jeune garde, des troupes italiennes, napolitaines et de la division hessoise, Roguet rallia alors, à Posen, en l'absence des maréchaux Bessières et Mortier, les vieilles gardes française et italienne ; il en sauva une grande partie par l'énergie qu'il sut inspirer à ces hommes accablés de misères et de fatigues inouïes ; déployant, pendant ce commandement en chef important, une fermeté d'âme rare, il réorganisa ces troupes et y rétablit la discipline. Le vice-roi d'Italie l'honora, alors, de sa confiance la plus intime. Napoléon le fit grand'croix de la Réunion.

En 1813, Roguet prit part aux batailles de Lutzen, de Bautzen et de Wurchen, à la tête de la vieille garde.

Pendant l'armistice, le général Roguet fut chargé d'établir et de fortifier le camp de Kœnigstein, de la garde des frontières de Bohême, de Zittau à Freyberg, et d'ouvrir des routes sur les rives de l'Elbe, pour faciliter les manœuvres et les divers mouvements de l'armée : ces immenses travaux, conçus par le génie de Napoléon, exécutés par des officiers du génie français et saxons, devinrent inutiles par suite de nos revers, à Jauer et sur le Bober.

Dans les premiers jours d'août 1813, M. le comte de Gersdorf, ministre de la guerre saxon, se rendit, par ordre de S. M. Frédéric-Auguste, au camp, pour l'inspecter et annoncer au général Roguet que le roi le décorait de son ordre militaire de Saint-Henri.

C'est à cette époque qu'un des personnages éminents de l'empire reprocha publiquement, au comte Roguet, d'être de ceux qui encourageaient le plus Napoléon à persévérer dans la guerre ; son zèle et son habileté étaient trop grands, à former rapidement des divisions de conscrits, avec lesquelles l'Empereur se faisait illusion sur sa force militaire réelle.

A la reprise des hostilités, Roguet rentra en ligne, fut blessé grièvement au côté gauche à la bataille de Dresde, le 26 août, ce qui ne l'empêcha pas de diriger cette belle sortie de sa division, en ordre échelonné, qui excita, de dessus le pont de Dresde, les applaudissements de Napoléon et le lendemain ses éloges.

Roguet se trouva plus tard aux trois sanglantes journées de Leipsick, ou sa division culbuta le corps autrichien qui voulait tourner le village de Lieberwolkowitz, et formée en carrés obliques sur deux rangs, repoussa plusieurs charges de la cavalerie des gardes prussienne et russe.

Ayant reçu l'ordre, le 28 novembre 1813, de se rendre à Bruxelles pour y prendre le commandement des troupes de la garde, et n'y ayant pas trouvé un soldat, Napoléon fit partir en poste, de Metz et de Paris, six régiments de conscrits ; avec ces troupes Roguet débuta par marcher sur Bréda, repoussa les ennemis, forma le blocus de cette place, dont il allait s'emparer, lorsqu'il reçut l'ordre de se rendre à Hogstraten. Le 11 janvier 1814, il soutint, à la tête d'une seule brigade, un combat mémorable contre l'armée prussienne de Bulow, et le 13, un combat tout aussi glorieux contre la même armée et le corps anglais de sir Graham. La division du général Roguet prit part à une foule de combats qui tinrent l'ennemi toujours éloigné d'Anvers. Au combat de Courtrai, un seul bataillon détruisit un corps entier de Saxons.

Dans cette position, où le général Roguet avait ordre de correspondre directement avec Napoléon, comme commandant un détachement de la garde, il fut nommé comte et grand officier de la Légion d'honneur ; il reçut de l'Empereur les éloges suivants :

« Mon cher général, l'Empereur est satisfait de la conduite que « vous avez tenue ; S. M. voit avec peine qu'on n'ait pas persévéré « dans le projet de reprendre Bréda ; on eût repris cette place qui « n'était ni armée, ni approvisionnée.

« L'intention de S. M. est que vous soyez sous les ordres du gé- « néral Maison, de qui vous dépendrez entièrement ; que le général « Lefebvre-Desnouettes, avec sa division de cavalerie, soit égale- « ment sous les ordres du général Maison.

Comte DROUOT.

25 Décembre 1813.

« Mon cher général, l'Empereur me charge de vous témoigner sa « satisfaction sur la très bonne conduite que vous avez tenue ; il n'a

« pas dépendu de vous que Bréda ne soit repris et que dans les der-
« nières affaires , nous n'ayons obtenu un succès complet.

« L'Empereur me charge de témoigner sa satisfaction à la jeune
« garde. Toutes les grâces que vous avez demandées (5 barons,
« 9 officiers de la Légion d'honneur, 26 chevaliers), sont accordées
« par Sa Majesté.

« Recevez, mon cher général, les assurances de ma haute consi-
« dération et de mon attachement.

  « *Le général de division, aide-major de la garde impériale,*
        Comte Drouot.

Paris , ce 21 janvier 1814.

Pendant les cent jours, le général Roguet reprit son emploi de
colonel en second des grenadiers à pied de la garde. A Ligny , il
chargea, à la tête de deux bataillons, pour s'emparer des hauteurs
qui dominent en arrière ce village ; et, jetant l'épouvante au sein
des ennemis , il renversa, comme par un effet de théâtre, la ligne
prussienne. « *Que cela se fasse comme à l'armée d'Italie, sans
tirer un coup de fusil,* » lui dit l'Empereur, en le lançant au moment décisif.

Roguet commanda la vieille garde à Waterloo, après la blessure
du comte Friant; il resta le dernier, sur le champ de bataille, pour
exécuter les derniers ordres de Napoléon et du major-général, avec
le dernier bataillon , lors même que tout avait disparu, et qu'il n'y
avait plus d'armée : les Anglais se bornant, d'abord, à tirer de leurs
positions, tandis que les Prussiens filaient sur le flanc droit et sur
les derrières.

Dans une charge, et au moment de rentrer au milieu de son
carré, pour ainsi dire à la tête des hussards prussiens, le général eut son cheval tué ; un officier le fit monter sur un cheval du
train.

Le lieutenant général Roguet fit, à partir de ce moment, avec le
2ᵉ bataillon du 1ᵉʳ régiment de grenadiers à pied de la garde, commandé par le chef de bataillon Combes, la retraite de l'armée, depuis le champ de bataille jusqu'à Genappe : arrivé devant cette
ville, le général prit position sur la route, avec environ 300 grenadiers, auxquels se joignit le brave maréchal de camp Christiani :
e général Roguet prit cette disposition, pour disputer l'entrée de
la ville et donner le temps à ce qui s'y trouvait entassé d'en sortir.

Sa petite troupe résista longtemps aux efforts du vainqueur ; mais enfin, accablée par le nombre et après avoir essuyé des pertes considérables, le général Roguet fut contraint à la retraite; c'est alors que l'ennemi pénétra dans Genappe : il était environ 11 heures du soir : l'on n'était pas à trois lieues de Waterloo.

Les héroïques débris de cette immortelle phalange imposèrent ainsi longtemps à deux armées victorieuses : et l'ordre donné par Napoléon, avant de quitter le champ de bataille : « *Tenez tant que vous pourrez,* » fut certes religieusement exécuté.

Le 20 juin 1815, à l'Elysée, les officiers de la maison de l'Empereur parlaient des grands services rendus par le comte Roguet, dans cette circonstance.

Le lendemain de la bataille, ce général fut occupé à rallier tous les débris : il commandait encore les grenadiers sous Paris et à l'armée de la Loire : la facilité avec laquelle le licenciement de cette immortelle troupe fut opéré sous ses ordres, lui valut la pénible mission de licencier les chasseurs de la vieille garde. On vit alors quelle influence donne, sur les corps les plus difficiles à manier et les plus irrités, le souvenir de beaux services et d'un noble caractère développés dans des circonstances graves.

Sous la Restauration, le 16 février 1825, à l'âge de 55 ans, le général Roguet fut mis à la retraite : jamais son énergie et sa force d'âme ne lui furent plus nécessaires qu'à la suite de ce coup imprévu ; il écrivit la lettre suivante à M. de Clermont-Tonnerre, le 16 mars.

« Monsieur le marquis, j'ai reçu la lettre que Votre Excellence « m'a fait l'honneur de m'adresser, le 22 février dernier: j'avoue que « jusqu'au moment de sa lecture, j'ai douté de la décision qui me « met à la retraite.

« Apte à rendre d'utiles services, je ne pouvais croire que l'Etat « eût réellement l'intention de me priver de l'honneur de le servir.

« J'ai donc la pénible conviction que les études de ma vie entière, « quelque capacité et une expérience chèrement acquise doivent dé « sormais être stériles : la carrière des armes m'est à jamais fermée : « soldat habitué à obéir, je me résigne.

« Cependant je dois faire observer que si je n'ai pas demandé à « être employé, c'est que mon nom se trouvait sur le tableau de dis « ponibilité; que solliciter de l'emploi ou des faveurs est vil et

« même insultant pour le pouvoir ; car on le suppose alors injuste
« ou incapable d'apprécier l'aptitude de chacun.

« Fidèle à ce sentiment, je me suis élevé, sans protection ni
« sollicitations, de simple soldat au grade de lieutenant général.

« Votre Excellence peut se faire présenter mon dossier, elle n'y
« trouvera pas de demandes : pourtant je compte avec orgueil
« des missions importantes : souvent j'eus en partage le poste du
« péril. J'ai la confiance d'avoir satisfait à tous mes devoirs avec
« distinction.

« Après 35 ans de service, c'est-à-dire de dévouement absolu à
« mon pays, il ne me reste que l'honorable souvenir de mes ac-
« tions ; je désire que mes enfants n'ignorent point par quelle voie
« je suis parvenu aux premiers grades de l'armée. Votre Excellence
« approuvera le motif qui me détermine à la prier de me faire dé-
« livrer une copie certifiée de mes états de service, seul héritage
« que je puisse laisser ; j'ai toujours négligé mes intérêts et sa-
« crifié toute mon existence aux intérêts de la France : je sou-
« haite que mes deux fils suivent l'exemple que je leur ai donné
« à cet égard. »

Le 31 juillet 1830, le général Roguet, rappelé à l'activité, eut d'a-
bord le commandement des troupes de la garnison de Paris ; puis on
l'envoya au-devant du camp de St-Omer marchant sur la capitale
avec ordre de le faire rétrograder, de le dissoudre et d'en inspecter
les divers corps, ainsi que ceux de la 16e division militaire. Son nom,
ses paroles, la sagesse et la fermeté de ses mesures et de ses opinions contrebalancèrent, sur une partie nombreuse et agglomérée
de l'armée, dans les 1re et 16e divisions militaires, les semences de
désordre imprudemment jetées ailleurs ; d'autant moins homme de
réaction qu'il avait été cruellement maltraité, il ne laissa s'éloigner
du nouveau gouvernement, que le petit nombre de ceux qu'il lui
fut tout à fait impossible de rallier.

En 1831, il reçut le commandement supérieur des 7e et 19e divisions militaires, d'où, en cas de guerre, il fût parti avec l'aile
gauche de l'armée que le maréchal Gérard devait diriger en Italie.

Ayant à combattre, avec peu de troupes, à la suite des journées de
juillet, une première et sérieuse insurrection, il maintint l'honneur
du drapeau, réunit habilement de grands moyens contre l'insurrection, bientôt effrayée de son isolement : au sujet de ces événements, l'illustre Casimir Périer lui écrivit le 28 novembre 1831 :

« Mon cher général, d'après ce que le gouvernement a appris du courage et de l'énergie que vous avez montrés dans les événements qui viennent d'ensanglanter la ville de Lyon, je suis heureux d'avoir à vous dire que vous avez obtenu sa pleine et entière approbation et justifié la confiance qu'il avait mise en vous.

Je vous félicite, mon cher général, de vous être tiré sain et sauf de cette terrible catastrophe, dans laquelle vous avez payé de votre personne avec une bravoure et un dévouement dignes de votre vieille réputation.

Vous avez été admirablement secondé par les généraux et officiers composant votre faible et brave garnison : dites-leur bien que le gouvernement est satisfait de leur courageuse et loyale conduite et qu'il saura les récompenser dignement.

Comptez, mon cher général, sur mon bien véritable attachement comme je me plais à compter sur vous. »

Le président du conseil des ministres,
CASIMIR PÉRIER.

Le 20 septembre 1832, Roguet fut nommé membre du comité de l'infanterie et de la cavalerie ; le 19 novembre 1831, il avait été élevé à la dignité de Pair, et, le 22 mars 1831, à celle de grand'croix de la Légion d'honneur.

En 1834, à la suite d'une cruelle maladie, il commanda le camp de Saint-Omer, où il fit remarquer cette habitude du commandement et du maniement des troupes sur le terrain, cette activité, cet esprit d'ordre qui le distinguaient.

Le 27 juillet 1835, sous le ministère du maréchal Maison, il fut placé dans le cadre de vétérance ; le 5 août 1839, il entra dans le cadre de réserve.

La paix, la non-activité furent, pour le général Roguet, un temps d'études et de méditations : il est peu de livres ou de cartes de sa belle bibliothèque militaire qui ne soient annotés, classés ou complétés de sa main : il laisse un grand nombre de travaux qui décèlent le praticien, l'homme d'action et de sens, et, par-dessus tout, le soldat dévoué à sa patrie et à la noble profession des armes.

Parmi ses papiers, admirablement classés, on remarque ceux relatifs aux nombreux intérêts et amis dont il s'occupait sans cesse : beauconp concernent sa ville natale.

A la Chambre des Pairs, le comte Roguet se montra d'autant plus assidu et ferme que les circonstances étaient plus graves ou que, dans le public, les esprits étaient plus divisés : dévoué à la dynastie de juillet, il fit, dans sa sphère, tout pour ajouter à la force du pouvoir. Rarement il prenait la parole ; mais estimé de tous les partis, ce qu'il disait avait du poids. Un doux souvenir honore sa mémoire au sein de cette assemblée.

Une longue maladie, les suites de ses blessures et de ses fatigues, avaient depuis plusieurs années altéré les forces physiques du général Roguet : le moral était toujours le même ; malgré des souffrances inouïes, il est mort pour ainsi dire debout, sans se douter de sa position, recevant les soins de la religion, mais prescrivant avec son énergique volonté des dispositions d'intérieur, et s'occupant de ses amis, de son pays, comme s'il n'avait pas été à sa dernière heure ; il prolongea ainsi, jusqu'au moment suprême, ces habitudes d'ordre, d'étude et de bienveillance qui le caractérisaient spécialement.

Tel fut le digne élève, l'ami de Lefebvre, de Masséna, de Suchet, de Dessolles, de Dupuis, de Rampon, de Belliard, de Casimir Périer ; belle nature, douée de tous les instincts nobles et généreux, d'une rigidité constante contre tout ce qui ressemblait à l'intrigue ou s'éloignait de la droite ligne du devoir.

Vieux soldat de Montenotte et de Rivoli, âme honnête et intrépide, toi si fidèle à la noble devise : *Honneur et Patrie*, tu as rejoint tes bataillons de grenadiers ; la mort ne voulut pas te recevoir avec eux sur un lit si glorieux ; elle te réservait pour d'autres épreuves, pour de nouveaux services. Napoléon te revoit avec plaisir, et cette fois pour toujours, à la tête de ses fidèles gardes. Il semble que la grande armée, dans un de ses majestueux mouvements, va s'ébranler encore autour de son immortelle réserve : et, au milieu des demeures célestes, juste récompense d'une vie de dévouement, d'impérissables souvenirs agitent les soldats de tous les âges.

PIÈCES OFFICIELLES.

1

« Le conseil d'administration de la 32ᵉ demi-brigade certifie à tous qu'il appartient que le citoyen François Roguet, chef de bataillon dans la 33ᵉ demi-brigade, né le 12 novembre 1770, à Toulouse, département de la Haute-Garonne, a commencé à servir au 21ᵉ régiment de ligne, le 3 mai 1789, qu'il fut fait caporal fourrier à la formation de 1791, et qu'il passa comme adjudant sous-officier au 1ᵉʳ bataillon de la Haute-Garonne, lors de la formation, le 15 décembre suivant, où il a été promu capitaine adjudant-major, le 5 avril 1793, adjudant-major de la 21ᵉ demi-brigade, lors du premier amalgame, le 1ᵉʳ pluviôse an 2 ; adjudant-major de la 32ᵉ demi-brigade, de nouvelle formation, le 25 ventôse an 4 : que dans tous ces divers grades, le citoyen Roguet a donné des preuves de son zèle ardent pour le service militaire, de son intelligence et de son dévouement à la république; qu'il fut blessé, à la jambe gauche, le 5 messidor an 3, sous le fort de Savone, d'un coup de feu qui la lui traversa ; qu'ayant fait les campagnes de 1792, de l'an 1ᵉʳ, 2, 3, 4 et 5, à l'armée d'Italie, et s'étant dans toutes les occasions conduit de manière à s'acquérir l'estime et l'amitié de ses camarades, des chefs et des généraux, le général en chef, sur le bon témoignage qui lui en a été rendu, l'a nommé chef de bataillon dans la 33ᵉ demi-brigade, dès le 1ᵉʳ nivôse an 5 : ce que nous certifions pour rendre hommage à la vérité et pour servir au besoin au citoyen Roguet Et ont les membres du conseil signé lesdits jour et an que dessus ; *et qu'il n'a jamais quitté son poste.* (Ajouté de la main de Dupuis.)

« Signé par les membres du conseil et approuvé par le chef de brigade Dupuis, le général de brigade Rampon, le général de division Brune. Le 26 prairial an 5. »

2

Gênes, le 23 prairial an VII.

« Le général en chef instruit de la conduite tenue par le citoyen Roguet, chef de bataillon à la 33e demi-brigade de bataille, à l'assaut du 6 germinal où il fut blessé ; du courage, de l'intelligence et des talents militaires qu'il a déployés dans la dernière insurrection de la ville et vallée d'Oneille, ou n'étant point encore guéri de sa blessure, et n'ayant sous ses ordres que 300 hommes de troupes françaises et un corps de gardes liguriennes, qu'il avait levés lui-même, il combattit, dispersa les révoltés et s'empara de toute leur artillerie ; sur la demande du général de division Pérignon, commandant l'aile droite de l'armée d'Italie, le nomme au grade de chef de brigade ;

Ordonne qu'il soit reconnu en cette qualité et jouisse du traitement accordé à ce grade,

Cette nomination n'étant que provisoire, elle sera adressée au Directoire exécutif, pour en obtenir la confirmation.

Le général en chef, MOREAU.

3

Saint-Cloud ; 12 floréal an VIII (2 mai 1800).

Bonaparte, 1er consul, confirme la nomination, faite par le général en chef Moreau, à un emploi de chef de brigade, de la 33e demi-brigade, vacant par la mort du citoyen Laval, en faveur du chef de bataillon Roguet du même corps, à dater du 21 prairial an VII.

BONAPARTE.

4

Gênes, le 6 prairial an VII (25 mai 1799).

Le général de division Pérignon, commandant l'aile droite de l'armée, au citoyen Roguet, chef de bataillon commandant les troupes françaises et liguriennes à l'expédition d'Oneille.

Vous sentez, mon cher commandant, que j'ai lu votre intéressant rapport avec la plus vive satisfaction, qui a été partagée par les généraux Dessoles, Lapoype, Victor et toutes les autorités constituées. Je ne m'attendais pas à moins de votre zèle, de vos talents et de votre valeur ; vous acquerrez de la gloire, vos travaux seront connus comme ils doivent l'être, et ils seront récompensés. Dès avant-hier, j'ai donné des ordres pour que vous fussiez renforcé par 300 hommes de la 29ᵉ demi-brigade légère ; ils vous auront joint sans doute lorsque vous recevrez cette lettre. Le ministre a aussi envoyé des munitions et des armes ; que vos succès encouragent les bons Liguriens, et qu'ils se joignent à vous en masse pour achever de détruire les brigands que vous avez si vaillamment combattus ; vos avantages brillants sont faits pour donner de l'énergie à tous.

Cependant rendez compte au général Pouget ; il agira, j'en suis sûr, de manière à seconder vos efforts victorieux, et vous en viendrez à ne laisser au pays que vous délivrez que le souvenir des crimes de tant de rebelles, et le sentiment de la reconnaissance qui vous sera due.

Envoyez au général Pouget exprès sur exprès : il faut qu'il soit tenu bien avisé de votre position.

Salut et fraternité.   PÉRIGNON.

5

Le général Pérignon, membre du Sénat conservateur, doit au citoyen Roguet, chef de brigade commandant la 33ᵉ de ligne, les témoignages les plus honorables pour une infinité de faits de guerre qui lui ont fait signaler cet officier : il en est un surtout qu'il est important de mettre au jour pour donner une juste idée de la valeur et des talents de Roguet.

Lors des revers de l'armée d'Italie, en l'an VII, les Russes et les Autrichiens avaient poussé leurs succès jusqu'à Turin et Coni ; Les Anglais soignaient la côte de Gênes au ponent, comme un amant soigne sa maîtresse ; et les insurgés piémontais, auxquels s'étaient réunis des gros d'Autrichiens, venaient de s'emparer d'Oneglio de manière que toute communication se trouvait interceptée avec la France. J'arrivais à l'armée à cette époque, et je

fus envoyé à Gênes pour prendre le commandement de l'aile droite
de l'armée : une de mes premières opérations fut de rouvrir la
communication avec Nice ; pour y réussir, je fixai mon choix sur
le brave Roguet dont je parle. Ce serait trop long de raconter ici
tout ce qu'il fit en zèle, en valeur et excellentes combinaisons : je
me bornerai à dire que sa mission eut le plus brillant succès, et
qu'il s'y conduisit véritablement en militaire consommé : il n'était
alors que chef de bataillon ; pour le récompenser, il était bien na-
turel de lui donner de l'avancement : c'était même essentiel pour
le service de la république, afin qu'il pût lui être utile. Je pro-
posai au général en chef de le faire chef de brigade ; il fut bientôt
après confirmé par le gouvernement.

Ce que je viens de dire fait sans doute le plus grand honneur à
Roguet, qui sut commander à la victoire avec une poignée de
monde, contre des hordes d'insurgés dirigés par des hommes qui
n'étaient pas sans expérience ; mais moi, je n'oublierai jamais
combien ses succès furent utiles à l'armée ; c'est à ces succès
qu'elle dut de pouvoir communiquer avec Nice et de recevoir
quelques renforts.

PÉRIGNON.

6

« Le général de division Monnier certifie que le chef de brigade
Roguet, commandant la 33ᵉ demi-brigade de ligne, faisant partie de
ma brigade au passage du Tyrol, en germinal an v, à la tête d'un
bataillon de cette demi-brigade, et d'après mes ordres, traversa de
nuit le camp ennemi et délivra les grenadiers de la 5ᵉ de ligne
qui étaient cernés par le corps d'armée du général Laudon, dans
un château, au-dessus de la vallée de Taillefer, à la droite de Balzano, et les ramena avec lui ; le lendemain, les troupes de Laudon
se présentèrent pour faire capituler le château ; elles attaquèrent
ma brigade et furent vivement repoussées.

« Dans cette affaire, le chef de brigade Roguet donna de nouvel-
les preuves de sa bravoure et de ses talents distingués.

« Cavalliero, 15 fructidor an x.

MONNIER. »

7

Paris, ce 2 septembre 1803.

Je vous annonce avec satisfaction, citoyen, que par son arrêté du 29 août, le premier consul vous a nommé général de brigade.

Cette récompense qu'obtiennent vos services, dans un moment où l'armée française va porter sur le territoire de l'Angleterre la guerre que cette puissance a voulu faire à la république, est une preuve flatteuse de la confiance du premier consul dans vos talents militaires et votre dévouement au gouvernement.

Je vous salue. BERTHIER.

8

Darmstadt, le 28 mars 1813.

Monsieur le général de division,

Il m'a été rendu compte de la manière satisfaisante dont vous avez traité mes troupes dans la dernière campagne, pendant le temps qu'elles ont été sous vos ordres; et je vous en fais mes sincères remercîmens. Je vous prie d'accepter, comme un témoignage de mon estime et de ma reconnaissance, la décoration de commandeur grand'croix de mon ordre, que vous trouverez ci-jointe, et de compter sur la durée de mes sentiments pour vous.

Le grand duc de Hesse-Darmstadt.

LOUIS.

9

Darmstadt, le 28 mars 1813.

Monsieur le général,

C'est avec une vive satisfaction que j'ai appris votre nomination à la dignité de grand'croix de l'ordre de Hesse, et les sentiments que je vous ai voués depuis longtemps m'imposent l'agréable obligation d'être le premier à vous en féliciter.

Le souvenir de mes relations passées avec vous et des bontés que vous avez constamment eues pour les troupes sous mes ordres, vous donnent de justes droits à ma sincère reconnaissance; je vous prie d'en agréer l'expression ainsi que l'assurance de ma haute considération.

EMILE, prince de Hesse, commandant la division hessoise.

OBSÈQUES.

(Extraits du *Moniteur* et des autres journaux.)

Les obsèques de M. le lieutenant général comte Rognet, pair de France, ont eu lieu le 9 décembre à midi, à l'église de la Madeleine, au milieu d'un nombreux concours d'assistants.

L'église entièrement couverte de tentures et un magnifique catafalque étaient décorés des armes du défunt; le corbillard à 4 chevaux était pavoisé en outre des couleurs nationales.

Les cordons du poêle étaient tenus par M. le duc Decazes, grand référendaire de la Chambre des Pairs; le lieutenant général vicomte Sébastiani, pair de France, commandant la 1re division militaire; le général Fabvier, le comte de Monthion et le comte de Noé, pairs de France.

La grande députation de la Chambre des Pairs était composée de MM. le général Rapatel, le vicomte Borrelli, le marquis de Gouvion-Saint-Cyr, Viennet, le comte Beugnot, le comte de Rambuteau, le vicomte Villiers du Terrage, Flourens, Cornudet, Jacqueminot, d'Hautpoul, le vicomte Lemercier et de Fleury.

Plusieurs aides de camp et officiers de la maison du roi assistaient aux obsèques, ainsi qu'un grand nombre de pairs, d'officiers généraux, de députés et d'intendants militaires parmi lesquels nous pouvons citer MM. Villemain, le duc de Plaisance, les généraux Gourgaud, Petit, Despans-Cubières, Leydet, les intendants Boissy d'Anglas et La Neuville.

Le service militaire était fait par la 1re compagnie des sous-officiers vétérans, concurremment avec de forts détachements du 9e léger, tambours et musique en tête, des 21e, 35e et 55e de ligne.

Après une messe chantée en musique et la cérémonie religieuse, qui s'est terminée à une heure et demie, le cortége, précédé d'une voiture du Roi, s'est dirigé vers le cimetière du Père Lachaise, où les dépouilles mortelles du défunt ont été déposées.

Au dernier moment, de vieux soldats sont venus dire un éternel adieu à leur ancien chef.

Les deux discours suivants ont été prononcés au milieu du plus profond recueillement.

1° **M.** le baron Ladoucette, député de la Moselle.

« Messieurs, le lieutenant général comte Roguet appartenait à cette génération héroïque qui, dans les champs de l'Italie, de l'Allemagne, de l'Espagne, de la Russie, a compté autant de succès que de combats.

« Soldat en 1789, à l'âge de dix-huit ans, il a gagné ses divers grades au prix de trente campagnes, sans repos, et de cinq blessures. A Waterloo, à la tête de la vieille garde, il resta jusqu'à la fin sur le champ de bataille, il fit tirer les derniers coups de canon ; son cheval fut tué sous lui par un boulet.

« Comment citer tous ses exploits ? La nomenclature seule en serait étonnante ; prenons-en deux, au hasard. ·

« Chef de bataillon, dans la fameuse 32° demi-brigade, une blessure le retenait à quelque distance de Gênes. Il apprend que les communications sont coupées : il rassemble à la hâte plusieurs de ses compagnons et des indigènes qu'il enflamme ; il fond sur les ennemis, les met en déroute, et rétablit à l'instant les relations entre les corps de l'armée Moreau.

« Il est lieutenant général, colonel des grenadiers de la garde impériale ; sa division de grenadiers-fusiliers est conservée à la bataille de la Moskowa, par Napoléon, comme la réserve la plus précieuse : elle maintient l'ordre dans Moskou embrasé. L'heure de la retraite a sonné ; Roguet fait l'arrière-garde ; les trophées du Kremlin lui sont confiés ; mais bientôt la grande-armée n'est plus qu'une masse confuse ; celle des Russes, chaque jour plus enhardie, vient pour l'envelopper. Napoléon parle : Roguet, qui a maintenu sa division, se jette de nuit au milieu de l'armée russe ; il y porte la terreur, le désordre et l'extermination. Ce coup de vigueur rend désormais l'ennemi plus circonspect. Pendant la fin de cette campagne, Roguet commande en chef toute la garde impériale de la grande armée, la rallie, la réorganise.

« Je ne parlerai pas des travaux du camp de Kœnigstein, en 1813, de la belle sortie faite pendant la bataille de Dresde, le long de l'Elbe, et de la mémorable campagne de 1814, où, à la tête d'une partie de sa division, il soutint avec avantage plusieurs combats, autour d'Anvers, contre un corps d'Anglo-Prussiens commandé par les généraux Bulow et Graham.

« Messieurs, cette cérémonie lugubre me rappelle, à la fin de

la glorieuse carrière de Roguet ; c'est à la nouvelle de sa mort inat-
tendue, que deux hommes des plus éminents à des titres divers, l'ont
également caractérisé : l'un a dit « qu'il jouissait à la Chambre des
« Pairs de l'estime la plus générale et la mieux méritée. »—«L'af-
« fliction que sa perte me cause, dit l'autre, est bien grande, car
« je lui portais un profond attachement : sa carrière militaire et
« politique a été si belle ! »

« Proclamons-le haut, Messieurs, une grande force morale
qu'aucun revers ne put abattre, de la décision, de la fermeté, un
courage calme, une vigilance et une application continuelles, une
égale distinction de services dans les combats ou dans les camps,
dans les jours de triomphe ou ceux de revers, le dévouement le
plus absolu ; la science du commandement, de l'organisation et
de la conservation des troupes ; l'amour de la discipline ; le plus
rare désintéressement, furent les qualités distinctives du général
Roguet.

« Homme public, il voulut la force dans le pouvoir ; il fut indul-
gent pour toutes opinions consciencieuses ; bon, obligeant, généreux dans la vie privée, il sut se faire de dignes amis, et se les at-
tacher davantage alors qu'il approchait du terme.

« Je vois à Toulouse, dans un prochain avenir, non loin du
monument qui rappellera sans doute une de nos dernières et plus
mémorables victoires, un monument modeste s'élever dans le
faubourg Saint-Cyprien, en l'honneur du brave et honnête soldat, du pair de France si regrettable : oui, l'illustre Roguet revi-
vra parmi ses concitoyens comme il doit vivre à jamais dans nos
cœurs. »

2° M. le lieutenant général Fabvier, pair de France :

« Messieurs, je ne laisserai pas fermer cette tombe sans dire
quelques mots d'adieu à un ami. (Il m'honorait de ce titre.)

« C'est une coutume pieuse et salutaire que celle d'accompagner jusqu'à leur dernière demeure ceux dont la vie a toujours été
utile à la patrie.

« D'abord, comme chrétiens, pour les accompagner de nos
vœux et demander pour eux le prix de la mission qu'ils ont bien
remplie sur la terre ; puis, par ce témoignage même de respect,

nous consacrer plus encore au service de cette patrie, l'objet de leur amour.

« Roguet, vous le savez, est né à Toulouse, dans cette métropole des vastes contrées tributaires de la Garonne, et de tout temps fertiles en vaillants guerriers. Toulouse, célèbre dans nos annales, mais plus fameuse encore par la bataille livrée sous ses murs, tard peut-être pour la défense de la France, mais toujours à temps pour sa gloire et pour le noble chef qui l'a livrée.

« La France, menacée par l'étranger, Roguet partit avec cette vaillante jeunesse qui a porté si haut le nom français. Ses premiers combats furent des actions d'éclat ; mais dans sa jeunesse, la sagesse et l'amour de l'ordre égalaient l'ardeur guerrière. Le général Bonaparte lui donne le commandement de la 33ᵉ demi-brigade, composée d'éléments difficiles ; en peu de temps c'est le modèle de l'infanterie française. De ce jour la carrière de Roguet est tracée : au premier rang dans les combats, à chaque moment de trève, il est organisateur. L'Italie, l'Espagne, l'Allemagne, la Russie, l'ont connu sous ces deux aspects. Partout vaillant, partout modéré, humain et désintéressé.

« C'est ainsi que Roguet a suivi sa laborieuse carrière ; on l'a vu depuis, à la Chambre des Pairs, toujours le même, modeste, étranger à l'erreur, à l'intrigue, aux factions, et toujours prêt à livrer les fruits de son expérience.

« Nos regrets sont sincères, Messieurs. Nous perdons un des plus nobles membres de l'armée, de la Chambre des Pairs, un homme qui pouvait être utile encore par ses conseils ; pour lui, il n'est pas à plaindre.

« Le bonheur de l'homme ne consiste pas à traîner une longue et obscure vieillesse, à acquérir d'immenses richesses qui restent amoncelées sur le bord de la tombe : le bonheur de l'homme de bien, c'est de s'endormir dans une conscience pure, dans le souvenir d'une vie consacrée tout entière à la défense et à la gloire de la patrie, l'espoir que tant de bonnes leçons et de meilleurs exemples ne seront pas perdus pour elle, plus heureux encore de laisser des fils pour continuer une tâche dignement remplie, enfin de compter sur la bonté de celui qui ne laisse pas la vertu sans récompense. Cet espoir nous encourage, nous autres gens de guerre, plus que personne, car ceux qui, par de longs travaux, ont acquis de grandes richesses, peuvent se trouver payés ; mais, pour des carrières toutes d'abnégation, pour tant de dangers bravés, tant de sang répandu, il n'y a d'autre récompense que celle décernée par la main de celui qui se plaît au nom du Dieu des armées.

« Adieu, Roguet ! »